Vida de Água

Sergio Antonio Meneghetti

Pindamonhangaba - São Paulo - Brasil

21 de Março de 2019

Sergio Antonio Meneghetti

Capa: Sergio Antonio Meneghetti

Edição: Sergio Antonio Meneghetti

Foto capa: Sergio Antonio Meneghetti

Sumário

AGRADECIMENTOS:

Deus: Pela Química do Amor

Família: Tesouro na Terra

Amigo Leitor,

Respeitar a água é respeitar a si mesmo.

Ela faz parte da construção da vida neste planeta e foi o nosso primeiro berço.

Acolheu-nos com carinho e amor, e ainda nos acompanha na nossa eterna caminhada.

Nesta gota de letras, deixo registrado a minha homenagem a esta química perfeita.

Curiosamente retomei esta obra adormecida há uns seis anos. Apaguei o escrito e comecei do zero no dia 15 de Março de 2016, e terminei o pensamento quatro dias após.

Confesso que gotas de água saíram dos meus olhos enquanto escrevia.

Hoje dia 21 de Março de 2016 terminei a correção do pequeno volume.

Vinha na minha mente intuitivamente por várias vezes a seguinte frase:

- Veja quando é o Dia da Água!

Fui ao computador verificar quando se celebra o Dia Mundial da Água, para minha surpresa é amanhã, dia 22 de Março.

Como o acaso é a mais perfeita organização dos acontecimentos, sinto-me agraciado por essa voz mental e pela bondade Divina por esta oportunidade.

Se o Criador permitir, amanhã esta obra terá nascido (22 de Março).

É uma honra poder reverenciar este líquido precioso.

Sergio Antonio Meneghetti

1 Capítulo - Chuva

Estou em minha varanda olhando para a Serra da Mantiqueira, observando a calma e a beleza da criação chamada natureza.

É final verão, mas a tarde está amena, é prenúncio de chuva, e com o seu manto, dá mais cores ao campo.

Depois de um dia de labuta, o descanso merecido, mas sem trabalho não há progresso e sem este esforço, nem para o artista há sucesso.

O sol já percorreu seu caminho diuturno e quer se acomodar para descansar atrás do monte. Já cumpriu com sua missão diária de doar sua luz e calor para que tudo vibre aqui no chão e cresça. Alimentamo-nos indiretamente de sua luz e energia, mesmo sem a nossa consciência de tal fato.

A cada fóton preso nas entranhas do vegetal, se tornará pelo sábio metabolismo biológico, energia, pensamento e ação, tudo isso sobre a superfície deste globo azul que viaja célere pelos espaços infinitos.

Tudo está certo, tudo está no seu lugar nesta imensidão incalculável. A mão de Deus controla tudo e tudo regula numa sabedoria que foge ao nosso pobre racional.

Enquanto as células incansáveis mantêm minha vitalidade, eu descanso com o corpo inerte sobre a cadeira azul. A matéria que me sustenta como máquina perfeita está em seu turbilhão de transformações químicas e físicas, mas nem me preocupo.

Quero deixar a minha visão a vontade para que faça o seu serviço de registrar o externo, a magnitude da construção do invisível átomo, suas formas, que em combinações inusitadas realizam ou plasmam a evolução.

Eu, dentro da matéria animada, estou suportado pelo plástico da cadeira, que um dia já fora matéria animada também, como animal ou como vegetal. Afinal o negro ouro viscoso é todo formado por restos de vida. O fantástico mundo da metamorfose.

Na aparente inércia pessoal, as correntes elétricas percorrem o cérebro a velocidades absurdas, e nesse dinamismo, trabalha todas as informações sem que o eu faça qualquer esforço. A massa celular completa em si, está sendo comandada sem que o próprio eu tenha consciência de tal fato.

Uma união perfeita de matéria, energia e espírito, faz com que eu esteja ali desfrutando um desenvolver no tempo e espaço.

Santa trindade que se chama vida, santa e laboriosa construção divina que é a vida consciente de sua própria existência e da sua criação.

Um mundo inimaginável acontece no aparente mundo estático do corpo que observa a serra despreocupadamente.

Cravada no meio do tapete verde do monte, visualizo três belas quedas d'águas. Pássaros sobrevoam o ambiente, indiferentes a minha presença, suportados que estão pelo movimento cinético, desenvolvidos pelo trabalho de suas plumas aerodinâmicas. O ar aparentemente diáfano se torna sólido contra a relativa velocidade contrária da pequena ave que se desloca com uma graça e destreza invejável.

No horizonte a minha esquerda, raios do astro rei escapam da cortina cinza dos vapores de água suspensos no ar em um equilíbrio de densidade molecular.

A luz colorida devido ao filtro angular da posição do planeta, desenha um quadro magnífico, emendando a terra e o céu.

Eu poderia ficar horas apreciando aquela composição natural, mas a cada passar dos segundos esta paisagem vai se transformando até desaparecer pelas circunstâncias do giro planetário e pela dinâmica molecular e atômica do ambiente.

Gostaria de ser poeta ou filósofo, e neste momento para poder trabalhar com palavras ou pensamentos, o quadro vivo pintado a cada instante com tanta beleza e perfeição. Como sou desprovido deste dom, vou apenas olhando para o horizonte, vendo o céu e as montanhas.

Por um instante, as minhas retinas registram um efeito luminoso ao longe a minha direita, é uma descarga elétrica que percorre as cinzas nuvens, e em pouco tempo vejo a serra ser umedecida pelo líquido abundante.

Brisa refrescante vem ao meu encontro, e sinto que não tardará para que o fenômeno chegue até estas paragens onde descanso o esqueleto.

2 Capítulo - A Queda

No silêncio do final de tarde ouço uma voz mínima vinda do céu, e aos poucos meu cérebro vai registrando o som em forma de palavras. E com o grito chegando cada vez mais próximo, entendo o aviso desta forma:

- *Sai debaixo que estou chegando!!!!!* Exclamava a ínfima voz.

E o inesperado acontece: Sou atingido na perna por uma gota de água.

Ao atingir meu membro inferior a pequena voz fala:

- *Eu avisei!*

Sergio Antonio Meneghetti

Minha mente racional fica confusa e penso:

- *Como assim? Estarei louco? A voz vinha da pequena gota.*

Com o indicador da destra transportei a umidade e a aproximei dos olhos para me certificar do ocorrido.

Para minha surpresa, meu aparelho ocular foi aumentando exponencialmente a visão e penetrando nas moléculas que me atingira feito disparo.

E penetrando cada vez mais na intimidade de parte da gota, pude individualizar uma molécula composta de dois átomos de Hidrogênio e um átomo de Oxigênio.

Que fenômeno estranho, talvez a massa cinzenta dentro do meu crânio estivesse me enganando, mas era real, eu enxergava feito um microscópio a pequena obra da química inorgânica. Também não era só isso, eu ouvi sua voz enquanto esta se arremessava ao solo.

Que situação inusitada, olhei ao redor para ver se alguém estava me observando ou pregando uma peça, mas não havia ninguém no lar.

Voltei o olhar para pequena molécula e ela me falou:

- *Sou eu mesma! E você não está louco, só não sabe que eu também sou parte da Criação.* E continuou:

- *Tenho um psiquismo abaixo do rudimentar, mas nós conseguimos nos organizar, sentir, perceber e reagir ao ambiente e suas variações.*

E continuou falando:

- *Não acredita?*

- *Posso provar. Estou na sua mão, então estamos ligados, apesar de ser isto aparente, pois nossos elétrons apenas estão próximos.*

E a pequena água continuou sua fala:

- *Pense na coisa mais bela e feliz que você pode imaginar, ou faça contato por pensamento com o Criador.*

Assim, me sentindo uma espécie de idiota e olhando para os lados, resolvi atender ao pequeno sei lá como definir. Fiz uma prece sentida ao Pai celestial. Abri os olhos e direcionei meu olhar a minha nova amiga (se posso definir desta forma).

Foi incrível, ela vibrava de tal forma que parecia levitar sobre a superfície do meu dedo. Ela se tornou radiante e sua beleza aumentara. Era algo sem definição pelo vocabulário terrestre.

- *Obrigada! Agradeceu a molécula vibrante.*

- *Agora pense nas coisas mais tristes que você puder, ou estas situações ruins que as criaturas criam no seu dia a dia.* Ordenou a minha amiguinha.

Ainda desconfiado da situação, obedeci para ver o que

aconteceria.

Pensei nas atrocidades das guerras, na fome, em palavras de baixo calão, nas injustiças e mentiras.

Olhei novamente para a pequenina, e para meu espanto, a mesma diminuíra a sua vibração, parecia leitosa e doente.

Em seguida, voltei ao primeiro ato da prece para poder reestabelecer a ínfima amiga. Em segundos ela retornou a forma original e vibrante.

- *Viu o que acontece?* Falou a mesma.

Confesso que fiquei desnorteado, eu um ser pensante, o suprassumo da evolução das espécies do planeta tomando lição de uma molécula de água. É muito para o conteúdo da minha massa cinzenta.

Pensei intimamente:

- *É! Realmente estou pinéu. Isto não está acontecendo.*

Pensei em levantar-me e tomar um pouco de água para acordar daquilo. Não era possível o que estava acontecendo.

- *Ei você! Espere!* Falou novamente a pequena água.

- *O que você quer?* Perguntei meio sem rumo.

- *Fica aqui! Temos muito que conversar antes que eu evapore e volte ao céu.* Comentou o pequeno trio de átomos.

Falei pra mim mesmo:

- *Bom! O que eu tenho a perder, eu estou só, e se for loucura, vamos ver no que dá.*

- *Você já pensou que nós, ínfimas partes do universo, também vivemos em sociedade, temos permutas com outras moléculas e elementos da qual somos compostos?* Falou em tom interrogatório a pequena amiga, e continuou sua aula da qual eu não tinha a mínima ideia:

- *Os átomos participam ativamente da mecânica e construção do universo que você vê e que não vê também. Todos trabalham sozinhos ou em combinações como é o nosso caso. Tudo é ligado e construído por uma inteligência que escapa a qualquer entendimento humano. Formamos sociedades cristalinas, seguimos regras rigorosamente definidas, e também podemos participar de formas infinitas através das mais inusitadas ligações e estado de equilíbrio. No nosso caso particular como água, também colaboramos com as demais manifestações da matéria, fazemos tudo isso no silêncio do anonimato, ou na voz terrível do trovão.*

Somos doces e cariciosas nas brumas do oceano, e às vezes formamos correntes poderosas que destrói tudo o que está à frente. Umedecemos as pequeninas criaturas escondidas no silêncio e na escuridão, ou nos agigantamos nas forças tremendas de um vulcão. Trabalhamos sem cessar no equilíbrio das forças e formas em que se constroem coisas e vidas em todo o universo infinito.

Somos também construções de ínfimas partes que vocês ainda não conseguem observar ou medir, variamos nossas condições morfológicas de acordo com as necessidades, e às vezes também descansamos nas profundezas da terra ou dos mares, rios e lagos.

No fundo, cada átomo que compõe o todo é apenas uma estrutura inteligente constituída de acumulo de energias inteligentes que seguem uma Ordem maior. Completou.

Eu atordoado ousei a perguntar:

- *Você é vida?*

E veio a resposta:

- *Não! Somos energia organizada que seguem leis sábias e rígidas, na verdade o que se diz matéria como você está me vendo, é apenas uma organização de* átomos e o átomo é uma organização equilibrada de energias, e esta aparência de solidez, é apenas uma manifestação de equilíbrio da energia cinética.

Como pode ver, existe algo de sábio e organizador em cada detalhe do todo.

Tudo que existe segue um caminho orientado e progressivo, ou evolutivo.

No passado distante a minha constituição apenas vibrava invisível pelo universo. Com o desenvolvimento dos fenômenos que vocês ainda pouco conhecem, esta energia abundante e vibrante, toma forma estabilizada material, retorna após a fase vibrante como energia novamente, porém, não será a mesma energia, mas uma energia mais evoluída. Assim esta energia em um nível mais alto, formará novamente a matéria, e esta formará uma infinidade de formas. Eu sou uma destas formas organizadas.

A vida será uma conquista que virá com toda a certeza, mas enquanto isso não acontece para nós neste estagio do desenvolvimento, nossa missão é dar suporte e participar da organização que sustenta a vida no estado matéria.

Arisquei novamente com outra pergunta:

- Mas eu sou vida e sou matéria, qual a diferença entre nós?

E a minha moleculazinha (se pode diminuir o já diminuto) respondeu:

- A matéria que te sustenta não é vida, é estrutura organizada na qual a vida se sustenta, desenvolve e tem experiências para evoluir.

E a parte da gota me questionou:

- Você não parou para pensar que quando a vida morre ou muda de estado, ela se desliga da matéria, e que toda essa matéria na forma de células, moléculas e átomos que trabalhava para manter a vida ativa, se tornam indiferentes umas com as outras, ou seja, cada átomo, molécula, célula e órgão começam seus processos de separação ou desintegração daquele edifício construído para a sustentação, e para que a vida assim se manifestasse?

Confesso que fiquei envergonhado com aquelas palavras.

Era tudo novo para este cérebro que já viveu por mais de meio século.

Discretamente movimentei o braço esquerdo em direção ao direito e me belisquei para verificar se estava acordado. E estava. Que maluquice.

Olha, não bebi nada de álcool e nem remédio, ou qualquer coisa que me tirasse do senso da normalidade.

Agora passava vários pensamentos e as correntes elétricas se deslocavam feitas loucas pelos meus neurônios e sistema nervoso. O que perguntar para uma molécula? Que situação!

Eu estava levando uma lavada de conhecimento, eu que me acho um cara com certa inteligência, estava à mercê de algo que superava tudo o que pude acumular de conhecimento sobre a vida e as coisas. Mas vamos lá. Por outro lado, não poderia perder aquele momento inusitado.

Cheguei a pensar que tinha morrido, mas não, estava ali consciente e tendo aulas de uma molécula de água.

São nestes momentos que se vê o quão pouco o ser humano tem de conhecimento profundo.

São poucos heróis que dedicam a vida ao aprendizado puro, a grande massa fica presa ao ócio cerebral, ou melhor, consciencial, pois o cérebro é apenas o Hardware e a consciência o Software.

O pensador ou filósofo é uma pessoa chata. Fica falando coisas difíceis e complicando o mundo.

Pra que isso?

Se posso comer, beber, dormir e curtir a vida. Assim pensa a grande maioria.

Será que a maioria está errada?

Ninguém pode avaliar o degrau de cada individuo, então é melhor calar sobre o assunto. Traduzindo: Não julgar.

A casca do ovo revela a vida de dentro para fora. Cabe a cada ser humano descobrir o seu mundo, e também cabe ao ser humano estender a mão a quem vem atrás.

3 Capítulo - A Criação

Como eu não sabia o que perguntar, eu procurei puxar assunto de forma tradicional.

- *Conte-me a sua história.* Falei.

- *Narrarei a minha extensa caminhada.* Falou a ínfima molécula de água.

- *Há bilhões de anos eu não era esta formação de três átomos, eu era apenas correntes dinâmicas a viajar pelos espaços infinitos. Em uma velocidade ainda desconhecidas por vocês deste planeta, nós pura energia fomos condensando através de fenômenos de interação num modelo de movimento vorticoso, ou* seja, imagine quando correntes de ventos em sentidos opostos se encontram e formam rodamoinhos. Neste movimento circular foi concentrando energias e chegou um momento em que a velocidade era tanta que adquirimos as características de solidez, e assim formando as primeiras partículas infinitesimais, e juntas formariam o núcleo atômico.

Após todo este processo, começou a serem gerados dentro deste núcleo os elétrons, e aos poucos foram expelidos para fora para dar equilíbrio no fantástico edifício atômico, assim nasceu a minha primeira parte, o Hidrogênio, e muito tempo depois viria pelo mesmo processo de crescimento, a formação do Oxigênio.

Neste planeta abençoado houve a união deste trio que vos fala. Neste pequeno globo que seria antes formado dentro do sol.

Não vou me aprofundar para não ficar um assunto chato, mas esta é uma realidade que vocês humanos ainda desconhecem, ou pouquíssimos possam conhecer.

A nossa história remontam bilhões de anos de luta na eterna caminhada, e não se iluda pensando que somente o que é vida que está presa às leis de evolução, tudo neste universo sofre este princípio, pois, se assim não fosse, a corrente evolutiva ficaria com elos em falta. A energia evolui, a matéria evolui, a vida evolui e o espírito também evolui. Este caminho é eterno.

E ela continuou o raciocínio:

- *O planeta ainda estava quente, e por forças e condições adversas, houve o grande milagre da química, por uma atração fantástica, os dois átomos de Hidrogênio e um átomo de Oxigênio se entrelaçaram num abraço fraterno e equilibrado, e assim adquirimos esta característica ímpar e importante para suportar o que seria o ponto alto do planeta, a origem da vida, na qual, aqui, somos indispensáveis neste processo.*

Depois de muito sofrer e lutar em um ambiente hostil, existi deste jeito que você me enxerga agora.

Por milênios eu subia e descia a superfície do planeta, o local era bruto, fiquei mais tempo no estado vapor em alta vibração molecular em meio a gases que desfrutavam do mesmo ambiente.

De cima, observava a aridez do planeta, somente a sociedade mineral se formava abaixo nas reações adversas, e em muitos destes processos eu e moléculas irmãs participávamos para dissolver, diluir, ou provocar o acumulo de elementos e compostos, que após nossa saída através da evaporação, se organizavam como sociedades cristalinas.

O nosso trabalho sempre foi incessante, sempre participamos da eterna construção e transformação, na nossa situação não há preguiça ou desânimo, a luta é o que nos lapida como elementos, moléculas, cristais e outras formas, isto para deixar preparado as melhores condições e reservas para que a vida futura venha se apoiar e se desenvolver.

Para que vocês desfrutem hoje de um equilíbrio e fontes que os sustentem, foram necessários bilhões de anos para chegar até este ponto. Assim, vocês ditos inteligentes, têm a obrigação de agradecer o trabalho de tantas formas e forças, e não simplesmente desmontar o planeta numa perniciosa ânsia de posse sem equilíbrio.

Tudo está disponível para o uso da vida superior que domina o planeta, mas que seja um uso sábio, equilibrado e justo, pois isto pertence a todos e não somente a alguns que tomam posse pela força e egoísmo.

Pensei:

- Não acredito no que estou ouvindo, estou levando lição de moral de uma fração aquosa, é deprimente esta situação. Se fosse de algum gênio ou sábio era mais fácil de aceitar.

Não aguentei e interrompi o relato, e questionei a minha amiga molécula:

- Como você sabe de tudo isso?

Ela respondeu:

- *Tudo fica gravado na existência, independentemente da nossa vontade ou conhecimento. Se te relato isso é porque vivi esta história.*

Pensei novamente:

- *É um absurdo o que está acontecendo, devo estar louco mesmo, mas não tem ninguém aqui no momento para eu me certificar de tal fato, por outro lado se eu comentar isso com alguém eu serei tratado como louco, e não me darão ouvidos também. É melhor continuar para ver no que vai dar e aprender o que vêm por aí.*

Terei que guardar silêncio sobre o que está acontecendo, senão, Deus sabe lá o que farão comigo, talvez me internem num hospício ou me deem remédios, fora isso, não terei mais a confiança das pessoas naquilo que eu relatar como fato verídico ou ideias mais avançadas. Que dilema.

- *Ei!* Falou a pequena no meu dedo.

- *Não terei muito tempo por aqui, pois seu corpo irá me fornecer calor e mudarei novamente de estado líquido para gasoso e aí acabou a conversa.* Falou me chamando a atenção.

E continuou o relato:

- *Como o aparente caos tende ao equilíbrio, o*

planeta aos poucos foi adquirindo característica de paz e acomodação das forças.

O ambiente agora era rico em gás carbônico, Nitrogênio, Oxigênio, e a nossa presença na forma de vapor abundante, e também na imensa forma líquida cobrindo a maior parte do globo.

Em um momento inesquecível, e poderia dizer mágico, tive o privilégio de presenciar o ato maior da Criação neste planeta; a formação da vida.

Sempre fomos banhadas pelas ondas luminosas e elétricas provindas do astro rei.

E na condição ideal daquele momento, vi as ondas elétricas provindas do sol, já bem lineares e diferenciadas das demais ondas, penetrarem nas órbitas dos átomos de Hidrogênio e outros de baixo peso atômico.

Era algo divino, estes raios elétricos que viajaram distâncias gigantescas pelo espaço, chegam feitas flechas e alteram as orbitas dos ainda instáveis elementos, e com esta nova presença de elétrons que compunham esta ondas, o dinamismo do átomo é alterado. Formam verdadeiros globos iluminados e com uma individualidade que os diferencia dos outros seus átomos iguais.

E não foi somente um acontecimento, foram milhares, e o planeta se enchia destes minúsculos globos diferenciados, seus movimentos orbitais se abriam e se fechavam a ponto de nestas aberturas eletrônicas, envolverem outros núcleos atômicos.

Era uma festa sem precedentes, eu estava ali presenciando tudo.

Pelas variações climáticas mais equilibradas, eu com as minhas iguais subimos aos céus e descemos aglutinadas, e assim carregamos estes globos de luz para os rios, e depois para os mares onde seria seu berço de desenvolvimento.

Posso falar que tive a honra de colaborar com o fenômeno da formação da vida aqui neste planeta azul.

No ambiente atmosférico, com sua mobilidade e contato, estes globos realizaram as mais diversas combinações com os elementos básicos como o Carbono, Nitrogênio, Oxigênio e Hidrogênio seus irmãos.

Aquelas ondas eletrônicas de um psiquismo rudimentar, iniciariam a sua vestimenta material. A onda que comandava tudo, e organizava o que seria seu ponto central de equilíbrio e crescimento, o protoplasma, assim se expandiria até formar a célula básica.

O milagre chamado vida, desce e começa sua ciclópica caminhada pelas águas até chegar mais desenvolvida, e com um psiquismo mais elaborado, pode lutar pela sua existência, alimentação e reprodução.

A mais bela flor do Organizador do universo dava seus primeiros passos na eterna subida evolutiva.

Nós participamos diretamente no desenvolvimento destes seres, dando o suporte e o ambiente para sua mobilidade, pois em ambiente seco seria quase impossível.

Por várias vezes eu tocava a vida.

Foram muitas fases, e por longo tempo.

Com a agitação do planeta, o seu dinamismo, nós moléculas juntas formávamos parte deste turbilhão de acontecimentos, e subíamos aos céus e descíamos umectando todo o ambiente terrestre.

O oceano se tornou um mar de algas, e no vai e vem das ondas, a vida chega a terra firme após longo esforço, assim começa a sua adaptação ao ambiente seco.

Seu psiquismo agora trabalha para se adaptar neste local, e começa as mudanças na sua química interna.

Trabalho laborioso na qual as primeiras vidas não resistiram ao novo ambiente, mas com esforço de gigante, a vida vence mais um grande obstáculo e se firma na aridez e se reproduz.

Nós, águas, tudo observávamos e auxiliávamos nas nossas possibilidades, participamos fazendo parte do equilíbrio metabólico e osmótico destes minúsculos seres.

Pelo fragor da nevoa ou pelo ribombar das tempestades, a vida adentrava cada vez mais para o interior do solo. Estes seres iriam se tornando os comandantes deste ambiente.

Luta de vida e morte, de transformações, de adaptações de fixação, de coragem e de um ímpeto interno que a movimentava cada vez mais para frente.

Se observada a vida naquele estágio, parecia algo frágil e ínfimo, porém, a vida é um impulso provido pelo Criador de tudo, e não há limites para o seu avanço, pode demorar, sucumbir, mas sempre renascerá e seguirá construindo a sua história individual.

Alimentando-se dos componentes inorgânicos do ar e da terra, processando a luz solar, se desenvolve e se agiganta. Simultaneamente seu psiquismo trabalha para gerar a mobilidade, esta característica que lhe distinguirá de sua própria natureza, é um passo colossal para chegar à fase animal, assim, este esforço maior e mais determinado começa a produzir verdadeira revolução nas águas e na terra.

Eu como parte do líquido precioso, participei de incontáveis seres, trabalhando em seus interiores, para que estes se desenvolvessem e se multiplicassem.

E a pequena água continua o relato, enquanto estou atônito por tantas informações inusitadas:

- *Olhe para mim! Sou ínfima e invisível aos olhos normais, porém, já circulei incontáveis vezes por este globo. Já registrei acontecimentos que os seres humanos passariam várias vidas relatando. Eu e minhas irmãs, atuamos desde os primórdios no anonimato, humildes, sem nada pedir em troca, o nosso único objetivo é ajudar na infinita construção, e um dia, através da mesma evolução, chegarei a ser vida também, e através de esforços nos transformaremos em anjos, ou nos tornar puro pensamento.*

Você já está na fase avançada da evolução, já percorreu um caminho que não faz a mínima ideia, lutou, sofreu, venceu, adquiriu consciência, caminha para a superconsciência e um dia terá as asas do conhecimento profundo. Olhará para trás e verá que valeu a pena todo o sofrimento e esforço. Não estará sozinho, terão outros seres, e pela evolução da gravitação que tudo atrai, estará preso por uma atração maior chamada amor.

Neste momento eu falei:

- *Vamos parar por um instante, pois, você conseguiu me emocionar.*

E ela me fez uma observação:

- *Percebe como nós água participamos de coisas e momentos importantes. Nos seus olhos começou a aflorar água sem que você percebesse. Aí então nos manifestamos pelo metabolismo emocional, e de acordo com a emoção podemos vibrar e iluminar, ou também, quando saímos através da tristeza e raiva nos tornamos opacas e abaixamos nossa vibração, assim sentimos alegrias e felicidades, ou sofremos participando dos fenômenos humanos.*

Realmente a minha amiga tinha razão, pela emoção de suas palavras, meus olhos começaram a marejar e percebi a presença aquosa na lateral de meu olho esquerdo.

Neste momento resolvi inquiri-la:

- *Como você sabe sobre esses assuntos das emoções e fases evolutivas se você está abaixo da vida na escala evolutiva?*

E ela me respondeu:

- *Tudo o que acontece no universo é gravado indelevelmente neste mesmo universo. Por exemplo: Quando acontece algo longe de você, como a passagem de um astro a milhares de quilômetros da Terra; se você observar esta passagem, o momento do astro já passou, mas este fenômeno emitiu luz, e ao chegar tempo depois ficou registrado em você, assim tudo que acontece deixa rastros. E o que você estiver fazendo agora na minha frente será registrado em mim, mesmo como pequena partícula.*

E continuou relatando:

- *Como eu falei, participei de coisas as mais variáveis e incontáveis.*

Participei do início da vida, suportando-a nos mares e rios, no seu processo metabólico, no seu estado vegetal, animal, e nesta fase atuei no micro organismo e também no dinossauro, na ferra selvagem e no dócil animal, no rustico abutre e no suave e belo beija-flor. Subi aos céus e desci como nevoa e também como tempestade que tudo destrói e arrasta, me contaminei com partículas, restos de vidas, carreguei odores perniciosos, e também perfumes doces e leves, vapores ácidos e corrosivos e o frescor revitalizante. Percorri os locais mais difíceis e inóspitos, também belos e calmos, transitei suave, ou comprimida nas frestas do interior terrestre, estive por vezes ao sol e às vezes presa a escuridão das cavernas que ninguém conhece.

Sempre atuando na dualidade da existência.

4 Capítulo - O Mestre

- *Houve um tempo inesquecível, e nesta passagem, eu gravei as maiores belezas, conhecimentos e verdades da vida.*

Continuou a água:

- *Eu transitava por um rio chamado Jordão, quando um Ser de luz inigualada como eu jamais havia presenciado, mergulha sobre nós, e eu penetro em sua boca.*

A partir daquele momento, comecei a fazer parte do metabolismo mais perfeito e vibrante da minha existência.

Foi um momento que o vocabulário não tem palavras adequadas para descrever aquela estadia temporal.

Por alguns anos terrestres, eu participei do mais santo metabolismo ocorrido na face deste planeta.

A harmonia entre a química da vida e o trabalho perfeito dos órgãos. Cada átomo trabalhava com seu máximo potencial vibratório, cada molécula como eu e outras variadas, dávamos todo nosso potencial, as células perfeitamente organizadas nutriam todo o conjunto. Era uma eterna festa interior, um êxtase o tempo todo, na verdade, o tempo parecia não existir, só existia uma felicidade eterna naqueles momentos que transcorriam.

Cada gesto Daquele ser que suportávamos biologicamente era maravilhoso, cada palavra era carregada de uma energia luminosa, cada ensinamento era uma chave que tirava o ser humano do calabouço da escuridão. Seus ensinamentos causavam revoluções por onde passava, almas e corpos saíam da prostração e se levantavam revigorados, olhos se abriam para luz, pernas se locomoviam novamente, mentes se libertavam da escravidão interior, as algemas da ignorância eram abertas e o horizonte aumentava a cada exemplo e gesto.

E nós em Seu íntimo gravávamos cada acontecimento, cada ensinamento, cada sentimento. Era uma honra sem precedentes para quem fazia parte daquele momento histórico da humanidade.

Na verdade, ali a história se dividiria em o antes e o após Ele.

Você não pode imaginar a minha felicidade naqueles poucos anos que participei destes momentos decisivos da Terra.

A cada acontecimento eu era carregada dos mais belos, sábios e profundos ensinamentos.

Como uma simples e anônima partícula de água, eu era enriquecida com os maiores tesouros que a vida pode conseguir, a luz da consciência.

Nada em qualquer lugar do universo tem maior valor que o amor e o conhecimento.

Onde este Ser pisava, as partículas se acendiam debaixo de seus pés, sobre minhas irmãs, estas também adquiriam uma fluorescência e os corpúsculos também vibravam radiantes e felizes, mesmo não tendo consciência como o amigo imagina, tudo e todos se beneficiavam daquela presença.

Era a luz maior nas trevas da matéria bruta e nas consciências.

Eu estava alí, participando daquela revolução do amor dando o suporte físico na minha pequenez. Era tão maravilhoso para cada átomo ou energia que compunha aquele corpo físico.

Eu procurei me manter o máximo possível naquela máquina humana perfeita, não queria sair dali em hipótese alguma, mesmo sabendo da renovação das células e outros compostos e elementos.

Eu estava sendo egoísta, pois poderia dar oportunidade a outras moléculas iguais a mim para desfrutarem da mesma oportunidade. Talvez minha vontade tenha sido aceita, porque permaneci por um bom tempo desfrutando daquele paraíso.

Pude presenciar os ensinamentos, o ponto alto do Sermão da Montanha, os sofrimentos internos pela incompreensão dos homens, a divisão e multiplicação dos pães e peixes, as curas e torturas. Em tudo participávamos, para nós, partes constituintes da matéria daquele Ser de luz, sabíamos o que ocorria.

- Á meu amigo!

Exclamou a molécula e continuou:

- Você não faz ideia da quantidade de bem que este Enviado do Criador fez para este planeta. Seus ensinamentos foram tão sintéticos e abrangentes, que os homens podem falar por séculos e ainda terão a aprender.

Foi um caminho de amor e dor, e a situação se tornou crítica quando o maior gesto de ingratidão tomou conta da Terra.

Ele foi preso, condenado e por fim, crucificado.

Lá encima do madeiro da libertação, nós componentes de seu corpo físico, já sabíamos que nosso tempo também se expirava.

Ele nos agradeceu pela oportunidade de servi-Lo,

era a gratidão pelo corpo físico que acolhera aquela luz maravilhosa que desceu a Terra.

O momento era de ansiedade e angústia, nós vibrávamos o máximo que podíamos para manter o aparelho físico em pé, mas já não podíamos mais tal intento.

Aos poucos fui percorrendo do interior de Seu corpo até a flor de sua pele.

Ali do alto de sua fronte, pude observar pessoas tristes, outras incrédulas, ingratas, amáveis, confiantes, maldosas, solidárias e a escuridão do ambiente.

Sobre as cabeças, a natureza se revoltava pelo insulto descabido lançado pelos dominadores daquelas terras, minhas irmãs fechavam a claridade do sol como um manto cinza escuro que prenunciava o desencadear da tempestade.

Um dos momentos mais negros da história deste globo que navega no espaço.

E com o vento que tocava Sua face, aos poucos eu fui me desprendendo após ouvir estas palavras da santa boca:

- Pai, perdoa-lhes; porque não sabem o que fazem.

Neste momento me desprendi daquele Ser maravilhoso e fui carregada pelo vento. Neste momento também aquela grande luz abandonava aquele vaso sagrado que lhe servira de instrumento físico para que pisasse aqui e ensinasse o verbo Amar.

A molécula continuou:

- Assim meu amigo, eu registrei em mim um dos maiores acontecimentos da história, e tive a graça de participar deste momento, a partir daí a minha existência mudou completamente. Já tive oportunidade de pelo calor exaustivo me dissociar e me tornar rarefeita na forma individualizada, porém, roguei ao Criador do todo para que eu mantivesse esta forma de trindade atômica para poder ajudar saciar a sede de alguém, ou refrescar a sua fronte em momentos febris, ou auxiliar novamente no processo fisiológico dos seres, banhar a planta para lhe suster a vida na secura do ambiente, suportar as grandes embarcações que transportam vidas e o progresso, compor uma lágrima de alegria ou de dor, ser parte da água que batiza o início da vida ou ser o último gole de quem caminha para a liberdade da morte, ser parte do lago que reflete a bela natureza ou ser parte da tormenta que tudo arrasta para a renovação.

Quero enfim, ser útil como eu sou; minúscula, invisível, mas cumprindo com a minha cota na construção universal.

Eu não podia acreditar no que ouvia, confesso comoção durante a narrativa, e como poderia ser aquilo?

Algo muito, mas muito estranho estava acontecendo, e

eu, sem a mínima ideia de como poderia ser.

Refleti por instantes naquelas palavras e ensinamentos. Era uma lição que jamais esquecerei.

Existem livros e mais livros trazendo a história dos acontecimentos relevantes de todos os tempos, mas nunca havia registrado estes ensinamentos através deste ponto de vista.

O que mais poderia esperar da vida, a cada novo dia uma surpresa, um ponto novo a descortinar.

Ouvi não somente relatos históricos, mas algo de cunho filosófico, científico e religioso amarado pelo mesmo fio condutor.

Aprendi naquele momento que existe uma filosofia maior e mais sábia, uma ciência viva, inteligente e participativa, uma religiosidade profunda sem dogmas ou regras que prendem o homem, mas conceitos libertadores.

Ali naquela varanda, enquanto a chuva caia suave, eu viajava sem sair do lugar.

5 Capítulo - Efêmero

Novamente fui acordado dos meus pensamentos com a molécula perguntando:

- *Cansou das minhas histórias?*

- *Não!* Respondi ainda atônito.

Ela continuou:

- *Quer ouvir mais? Pois sinto que meu tempo é curto e instável aqui.*

- *Sim!* Respondi.

E ela prosseguiu relatando:

- *Teve um tempo após esta participação*

maravilhosa, que os ventos me arrastaram para bem longe, para o sul do globo, e pela baixa temperatura, mergulhei novamente em sentido ao solo, porém, o solo era alvo e belo, e durante a minha descida junto com minhas irmãs moléculas, adquirimos a forma de cristais congelados e fomos depositadas sobre aquele véu branco congelado.

Permaneci por algumas décadas no descanso, com a vibração menor, como se recuperando de um fatigoso trabalho.

Refeita e com ânsia de atividades enobrecedoras, fui arrastada pelas patas de pequenos seres graciosos e assim voltei ao universo aquoso do planeta, o mar.

Por correntes fui me deslocando até regiões mais quentes, e assim novamente pelas fortes correntes aéreas fui reconduzida a civilização do planeta.

Participei na formação do trigo que se transformaria em pão para saciar a fome da pobreza, outras vezes, fiz parte das vinícolas que se transformavam no vinho da nobreza, ajudei a descontaminar as feridas das guerras, e fui usada para lavar a bandeira da paz, percorri em suaves movimentos de regatos em belos jardins e também transportei restos do líquido vermelho dos matadouros.

Eu ouvia e ela continuava:

- Sorvida por um tirano, tive novas experiências.

- O que desfrutei no corpo do Mestre, agora sentia o oposto, as emanações e os efeitos nocivos de uma mente doente. Não uma doença física, mas psicológica, a ausência do amor.

Era um corpo bruto, similar ao das feras em que participei num passado remoto, a matéria atuava cumprindo seu diuturno trabalho no apoio e manutenção da vida, mas a vibração era menor e desorganizada, ondas de baixas vibrações energéticas percorriam o sistema nervoso, e em pontos localizados, o descontrole era tão grande, que as células cresciam desordenadamente, criando verdadeiros tumores doentios.

Pensamentos mórbidos e terríveis assolavam a mente. O olhar pesado e gestos desconexos faziam parte do seu dia a dia.

Para mim, era extenuante o trabalho de transportar substâncias essenciais à manutenção do vaso físico.

Diferente do ambiente vivido há séculos, simples e natural, agora pertencia a um palácio faustoso, porém, vazio de alegria e felicidade, repleto de interesses escusos e traidores.

Nas mesas fartas, enquanto o corpo acumulava o exagero alimentar, o espírito ficava faminto.

A simplicidade dava lugar aos falsos sentimentos, o amor edificante era trocado pela traição e cupidez.

O ser humano naquele lugar só enxergava o domínio sobre seu semelhante, e a força era a lei que dominava o ambiente, assim, quem era desprovido deste atributo sofria o peso do dominador.

Quantas vidas ceifadas pelo fio da lâmina dilacerante, e quando ódio desfechado dos corações atingidos pelas injustiças.

Presenciei moléculas irmãs serem portadoras de substancias nocivas e mortíferas ocupando taças douradas, e sendo bebidas antes do fim inevitável.

A ganância sem medidas era a lei que governava, e debaixo do mesmo céu que abrigou tantas almas nobres na conduta e vida, também acobertava a insensatez e o orgulho.

Por tempos também usufrui destas experiências doloridas, mas aprendi que mesmo nas mais atrozes dores e angústias, também existem o aprendizado libertador.

Sem a presença do mal, como o bem pode ser testado e praticado, como pode haver ensinamento sem o exemplo prático? Em cada degrau, uma lição a aprender.

Certa noite, enquanto na escuridão do quarto luxuoso a tirania descansava, o lume na lâmina anunciava os golpes que dariam fim ao poder efêmero na Terra.

Naquele momento de dor e tormento, a matéria se

debatia sem possibilidades de continuar sua caminhada. Enfim, o corpo inerte jazia no alvo lençol, e o espírito atordoado, cai no vácuo da existência física. No derramamento do líquido vital, sou liberta daquele suporte de aprendizado.

Mais um ciclo se completava, e eu novamente voltaria ao descanso na natureza.

Comentei:

- Que tétrica esta vivencia!

A minha amiga respondeu:

- Como diz o ensinamento: Nem só de pão vive o homem.

E completou:

- O ser humano quer acumular algo que não tem para onde levar após sua caminhada aqui. Triste ilusão.

Eu ouvia aqueles relatos e a minha mente via como num filme parte da história terrestre. Realmente a molécula tinha razão. Por que o ser humano se debate tanto na posse e no poder?

Acredito que sei as resposta, a grande maioria só

enxerga o que os olhos veem, assim dando atenção ao externo, não percebem os gritos que vem das profundezas da alma.

Olhando firmemente para minha amiguinha aquosa, faço-lhe mais uma pergunta:

- *Você teve uma existência rica, teve algum motivo para isto?*

Ela responde:

- *Sim! Tudo parte da nossa vontade de realização, e eu da minha parte não queria ser apenas mais uma molécula no oceano da vida, sempre senti uma vontade de enriquecer a minha existência com experiências para ser a mais completa possível.*

Assim, tenho esta vontade interior, sempre terei oportunidades que me fará crescer.

O universo tem infinitas possibilidades para infinitas existências, o universo é sábio e com leis precisas e elásticas que tudo regula para uma finalidade maior.

Da onda energética ao anjo, existem caminhos a serem percorridos, basta se predispor a segui a estrada da existência.

A inércia é um erro, e o ócio um pecado, isto porque a própria Criação é laborosa e dinâmica. Não há vitória ou conquistas sem o esforço justo, e se há esforço, com certeza haverá vitória. É matemática pura e sábia, é lei de ação e reação que controla a cada ação em todos os níveis.

Ouvindo aqueles relatos da minha amiga, o que posso concluir antecipadamente, é que se for ilusão, sonho, ou loucura da minha mente, fica a certeza de que tenho aprendido conceitos profundos, e isto é o que importa neste momento.

Enquanto divagava, a pequenina continuou:

- *Por ser o que sou no momento, ou seja, apenas uma molécula de água, eu possuo a versatilidade de percorrer pelo solo, levitar pela atmosfera, modificar meus estados físicos, como gelo, líquido e vapor, penetrar nas profundezas do solo ou fitar a terra como nuvem, isto já é uma grande vitória. Posso participar dos mais variados fenômenos, como já falei, posso ser suor e lágrimas, condutora e conduzida, arrasadora ou salvadora, maleável ou concreta, enfim, sou extremamente útil na organização da vida neste planeta.*

Toda essa versatilidade e utilidade têm somente um único propósito: ajudar na grande construção do universo, contribuindo naquilo que me cabe, e evoluir junto a todo o conjunto. Isto não me faz melhor que nada e ninguém, pois, tudo e todos têm suas funções especiais no tempo e lugar certo.

6 Capítulo - Acontecimentos

Perguntei se havia mais alguma experiência importante a me contar:

- *Sim! Tenho inúmeras histórias.* E prosseguiu:

- *Fiz parte do líquido que envolveu o coração de Joana D'Arc enquanto Ela queimava na fogueira da traição. Mantivemos esse órgão intacto, mesmo após o corpo ser carbonizado pelo pior fogo, o fogo da ignorância e do egoísmo.*

Ajudei a molhar a fronte de Cristóvão Colombo enquanto este atravessava o Atlântico para chegar às Américas.

Oito anos mais tarde fui recolhida em uma das chuvas que caíam no oceano, e estive presente no barril da nau de Pedro Álvares Cabral para saciar a sede da tripulação enquanto rumavam para as terras novas.

Fiz parte dos riachos destas terras que margeavam as cabanas indígenas, fui suporte de canoas dos colonizadores, fui parte da saliva da ferra na vida selvagem, da seiva na floresta, parte do álcool que embriagava, do remédio que aliviava a dor, parte do fruto preso ao bico da ave que coloria o ambiente, inundação nos vales, cachoeira nos montes, brisa húmida no verão e gotícula no inferno.

Banhei o corpo do recém-nascido, carreguei as doenças na sujeira, fui inundada de odores fétidos e no decorrer do percurso, me purifiquei pelos embates com pedras e frestas subterrâneas.

Fui pisada no riacho pelo animal enquanto no Brasil se dava o grito da independência.

Fui levada pelo vento e cheguei até regiões secas, e desci como benção sobre aqueles que nos desejavam através de suas preces.

Ajudei a saciar o animal que tombava inerte para reerguê-lo, colaborei no brotar da semente, participei na formação do tenro tronco e me incorporei novamente no metabolismo humano. Umedeci a fronte do escravo no trabalho árduo, fiz parte da colônia perfumada utilizada pela Nobre que assinara a libertação destes primeiros. Na palhoça rústica diluía o feijão para alimentar o pobre e também participei na doação de seu gesto nobre.

Foi feita uma pausa, o silêncio se fez presente, o sol deixava escapar seus últimos raios no horizonte, o manto noturno tomava sua posição no ciclo das coisas e ela estava ali sobre o meu polegar direito. Não sozinha, mas acompanhada de milhares de irmãs que participavam em silêncio durante as narrativas.

O momento foi interrompido por ela e falou:

- *Meu tempo está se esvaindo aqui, acredito ter cumprido mais uma missão, a de lhe alertar da importância de cada coisa que compõe a grande Criação.*

No meu caso em particular, venho chamar a atenção pela minha espécie, nós águas necessitamos da sabedoria do ser humano para que nos tratem com carinho e amor. Vocês seres que dominam a superfície do planeta cuide de tudo o que tem em mãos. No nosso caso, utilizem conscientemente para que continuemos a fazer parte de cada ser vivo nesta Terra.

Somos abundância, mas fora de equilíbrio, seremos necessidade.

Para que eu possa me despedir, dou-lhe duas opções: Solte-me ao sabor do vento, ou leve-me até a sua boca para que eu faça parte da sua vida material.

Pensei, e ao mesmo tempo o coração já sentia falta da conversa e convivência.

Elevei o meu dedo para o alto e expus em sentido contrário à brisa que refrescava o inicio da noite.

Aos poucos vi suas irmãs se deslocarem uma a uma, e por fim vi a minha minúscula grande amiga se soltar de meu corpo.

E neste momento ela me falou:

- Quando olhares para o horizonte no entardecer calmo e tranquilo, ou quando o céu se torna cinzento e assustador, estarei lá cumprindo a minha função.

Podem ter certeza de uma coisa: A liberdade daquele trio atômico foi a melhor opção. Temos que dar liberdade a quem amamos. O meu egoísmo naquele momento não seria a melhor forma de agradecer tamanha lição.

Não sei até agora qual o fenômeno em que se deu tal maravilhoso fato, mas fica aqui o meu relato.

Em agradecimento, só posso deixar esta humilde homenagem a uma ínfima Amiga:

MINA ALBA

No milenar trabalho da natureza

O líquido precioso tem sua purificação

Infiltrando-se nos veios com suas asperezas

Ela se refina e brota pelo chão.

Percorre caminhos fechados e abertos

Transita pelos campos levando irrigação

Através dela se encontra os caminhos mais certos

Até encontrar no azul a grande imensidão.

Com a energia do astro da iluminação

As moléculas voam rumo ao céu

Formando a base para o raio e o trovão

Também forma; o mais esplendido véu.

Com a presença do vento refrigerante

Elas se unem e se precipitam ao chão

Espalham-se pelos lagos, rios, planícies e montes.

E novamente penetram na escuridão.

Neste ciclo eterno volta à pureza

Junto com a terra e a luz gera alimentação

Transforma nossa vida com certeza

E por esta temos que ter gratidão.

Para que os povoados tivessem grandeza

Foram construídos ao lado do rio ou ribeirão

Naus no seu dorso deslizam na pura leveza

Sempre uma das bases; da civilização.

Ela surge da mina Alba

Saciando a sede da população

Traz o bem estar e acalma

Lava o corpo e a alma; e alegra o coração.

(Sergio Antonio Meneghetti)

Só não contarei este caso a ninguém, pois, eu seria internado como louco ou chamado de mentiroso.

Fim

Sergio Antonio Meneghetti

Sobre o Autor

Sergio Antonio Meneghetti

São Paulo – Brasil
Cientista Intuitivo, Escritor, Palestrante e Químico.
Embaixador Universal da Paz – França – Genebra – Suíça – Cercle
Universel des Ambassadeurs de la Paix

Autor dos livros:

– O Sertanejo de Goiás - Romance Ficção

– Gestão é Uma Arte - Gestão Humana

– A Reconstrução do Universo - Tratado científico sobre universo e vida.

– **The Reconstruction of The Universe –** Versão Inglês.

– **O Fim Sem Fim do Universo -** O futuro da vida e do universo

– **Intuition Working Tool** - Autodesenvolvimento – versão em Inglês – USA

– Intuição, Ferramenta de Trabalho - Autodesenvolvimento

– O Cavalinho Dourado - Infantil

- Paz no Mundo – Volume I – Poesias

- Paz no Mundo – Volume II – Poesias

– O Pequeno Florista - Infantil

– **Liberdade da Consciência** - Filosofia

– **Vida de Água** - Romance Ficção

– **A Construção do Pensamento** - Filosofia

– **Socialmente Falando** - Sociologia

– **Intuição para Mulheres** - Autodesenvolvimento

– **Sem Saber Sabino** - Contos

– **Emilião** - Infantil

– **Multiplicando a Genialidade** - Autodesenvolvimento

– **Multiplying the Genius Within** - Versão Inglês

– **Multiplicando la Genialidad** – Versão Espanhol

– **Homem de Barro** – Filosofia

– **For Those Who Work in New York** – Carreira

– **Do Hidrogênio ao Hélio – Sem Fusão Nuclear - Ciência**

– **The Quantum World and the Expansion of the Universe - Cosmological Model by Vortices**

Membro da Associação Internacional Poetas

Membro do movimento pela Paz – Poetas Del Mundo

Membro da Fondation Franz Liszt – França

– **Entrevistas:**

Vanguarda TV - Rede RVC TV - Band Vale TV - AllTV, TV Taubaté - Think TV – Tatiana Fedatto - Agoravale - Acontece Pinda – Programa Corre Certo – Rádio: Difusora, Rede Assim, Princesa e Sites.

- Participação como professor sobre Intuição no Curso:

Nexialismo para Líderes. (Organizado por Walter Longo).

Palestras:

– Espaço Terapêutico e Artístico (Como Superar a Indústria 4.0 e a Inteligência Artificial).

– Hotel IBIS Taubaté (A Intuição na Sua Profissão)

– Nova Gokula Pindamonhangaba (Intuição, a ferramenta psíquica do futuro)

– Colégio Dr. João Romeiro Pindamonhangaba (Intuição nas Empresas)

– Faculdade Anhanguera Taubaté (Intuição nas Empresas)

– Faculdade de Pindamonhangaba FAPI (Intuição nas Empresas)

– Faculdade Anhanguera Pindamonhangaba (Intuição nas Empresas)

- Casa Espírita: Amor e Caridade – Orlando – Flórida – Estados Unidos.

Autor das Hipóteses Científicas por Percepção Psíquica Intuitiva:

– Formação da Partícula Subatômica

– Nascimento de um novo planeta no nosso sistema solar.

Empregos:

– Lyondellbasell (Ex – Polibrasil)

– Chevron Química do Brasil

– Instituto de Pesquisas Energéticas e Nucleares – IPEN

– EMCA

– Atlas Indústrias Químicas (Oxiteno)

– SAAB SCANIA

Agradecimentos Recebidos:

– E-mail Presidencial de Barack Obama (02/04/2010).

– Agradecimento do Papa Francisco ao *Cercle Universel des Ambassadeurs de la Paix*

– Certificado de Honra ao Mérito por trabalhos Humanitários em prol da Cultura e da Paz – 2009 pela Revista Zap

– Robson Miguel – Violonista Nº1 do mundo

– Prêmio Destaque Poético 2013 – ALAF (Academia de Letras e Artes de Fortaleza)

– Instituto Ayrton Senna (em nome de Viviane Senna)

– Unidade Jardim Pueri Domus

– Rádio Nova Brasil FM

– Doutores da Alegria

– David Feffer "Grupo Suzano".

– Volker Trautz (CEO) internacional "LyondellBasell Industries"

– Destaque do mês na Polibrasil

– Bondinho Pão de Açúcar.

Participações:

– Revista: Segredos da Mente – matérias sobre a intuição em 3 edições.

– Convidado a palestrar na ONU – New York – BRAZILIAN PEACE, LITERATURE, SUSTAINABILITY AND ARTS – 2016.

– Brazilusa Magazine Orlando (USA) – colunista.

– Jornal Tribuna do Norte – http://jornaltribunadonorte.com.br/escritor-local-publica-seis-livros-em-75-dias-nos-estados-unidos/

– Agora Vale – Coluna – Trabalho Intuição Etc. – Pindamonhangaba

– Participações com artigos e poesias nos sites e jornais:

– www.administradores.com.br/sergio59

– Dia-Dia-News

– Pensador – site UOL

– Vale Empresarial

– Rádio Raizonline – Portugal

– Revista Exemplar – colunista – Pindamonhangaba

– Contemporary Literary Horizon – Romênia

– Revista do Sindicato dos Químicos do ABC

– Rádio Mundial

– Jornal Villagenews – Pindamonhangaba

– Condomínio News

– STOP a Destruição do Mundo (ONG Internacional fundada em Paris – França) www.stop.org.br

– SITA – Sociedade Internacional de Trilogia Analítica

– Café Cultural – SESI – Santo André

– Jornal da Cidade – Pindamonhangaba

– Jornal do Brasil – Rio de Janeiro.

– JB Online – Rio de Janeiro.

– Jurado no Festipoema 2010

– Exposição – Consciência Negra – Museu de Pindamonhangaba

Homenagens Recebidas:

– Homenageado pela formando em Administração 2017: Hellen Morais Raybbot Gonçalves

– Moção de Congratulações da Câmara de Vereadores de Pindamonhangaba.

Consagrações em concursos poéticos (livros):

– Introdução: Cabo Verde – O Outro lado da Política (Carlos Fortes Lopes)

– Prefácio: Versos Soltos (Carlos Fortes Lopes – Cabo Verde)

– Antologia de Poetas Brasileiros volume 5.

– II Olimpíada Cultural – "500 Anos da Língua Portuguesa" 2005

– III Olimpíada Cultural – "500 Anos da Língua Portuguesa" 2006

– Livro de Ouro da Poesia Brasileira

– "IV Seletiva de Poesia, Contos e Crônicas de Barra Bonita".

– "Panorama Literário 2005/2006" (6500 inscritos)

– "Novos Poetas Novos Talentos"

– "Poetas do Brasil"

– "Concurso Internacional do site Voz Di Studanti" (Cabo Verde).

– "4º Concurso Literário de Contos e Poesias"

– Poetas Del Mundo em Poesias – volume I

– Antologia da Academia Pindamonhangabense de Letras (2012)

– Antologia "Mulheres Entrelaçadas" (Lançamento na Alemanha)

– Antologias eletrônicas: Fenix (Portugal) e Editora Pragmatha

E-mail: sergio.livro07@gmail.com

www.ingramcontent.com/pod-product-compliance
Lightning Source LLC
Chambersburg PA
CBHW071243280526
45788CB00004B/1565